AF404203

LE BUDGET

DE 1816,

CONSIDÉRÉ SOUS LE RAPPORT DE SON INFLUENCE SUR LA PROSPÉRITÉ DE LA FRANCE ET LA TRANQUILLITÉ INTÉRIEURE.

> Tout impôt qui gêne l'industrie et arrête le travail, appauvrit nécessairement l'Etat dans la même proportion.
>
> CLARKE, *Coup-d'œil sur la force et l'opulence de la Grande-Bretagne*, page 112.

PAR M. *****,

Auteur des *Observations sur le système financier et administratif adopté en 1814.*

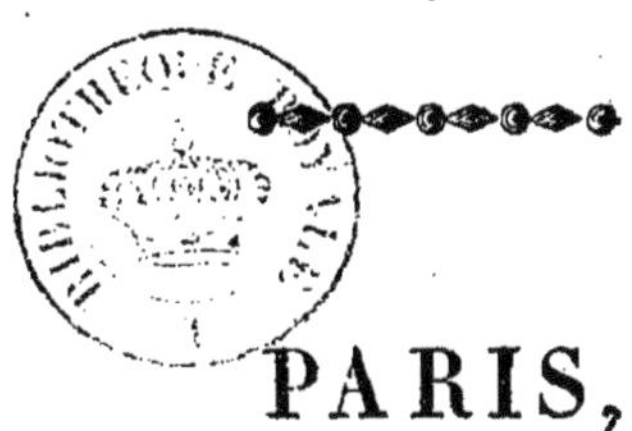

PARIS,

J. G. DENTU, IMPRIMEUR-LIBRAIRE, rue du Pont de Lodi, n° 3, près le Pont-Neuf.

1816.

AVANT-PROPOS.

—

J'AI fait paraître, dans les premiers jours de décembre dernier, des *Observations sur le système financier et administratif adopté en* 1814. Dans cet ouvrage, j'ai essayé de prouver qu'en imprimant un grand mouvement au commerce, à l'industrie et à la navigation, le gouvernement parviendrait à assurer la prospérité de la France et la tranquillité intérieure, d'une manière plus infaillible et plus directe, qu'en opérant des réformes, des réductions et des économies. Je crois avoir démontré que l'alliance du crédit avec des impôts qui atteindraient le superflu et non le nécessaire des peuples, les consommations et non le travail, pourrait seule assurer la marche de l'administration. Le système de la création des rentes pour acquitter l'arriéré et subvenir aux dépenses extraordinaires, avait alors pour adversaires des hommes distingués par leurs talens et la juste réputation dont ils jouissent : ils en sont aujourd'hui les plus zélés défenseurs. Puisse leur influence sur l'opinion, contribuer à assurer le triomphe de cette cause !

Dans la nouvelle brochure que je soumets au public, j'applique au budget de 1816 les principes développés dans mon premier ouvrage.

LE BUDGET

DE 1816,

Considéré sous le rapport de son influence sur la prospérité de la France et la tranquillité intérieure.

——

A la lecture du rapport fait par M. le comte Corvetto à la chambre des députés sur la situation générale des finances, on s'aperçoit qu'il a suivi les erremens et les principes de son prédécesseur. Un ministre à peine installé, n'ayant pas encore eu le temps nécessaire pour acquérir une connaissance approfondie des hommes et des choses, devait ne marcher qu'avec circonspection dans une carrière difficile, craindre de commettre des erreurs, et ne pas oser s'écarter du système qu'il trouvait établi. C'est vraisemblablement à ces causes que nous devons attribuer la rédaction du budget présenté pour 1816.

Il paraît que, pour composer ce budget, les administrations fiscales, les divisions de ministères ont remis leurs états de recettes et de dépenses ; les unes sans considérer l'influence que leurs édits bursaux pouvaient avoir sur la prospérité publique et la tranquillité intérieure, les autres sans envisager si l'ajournement de dépenses urgentes à une époque éloignée ne pouvait pas exposer la France à quelques dangers. De la réunion de tous ces états sans aucune liaison entr'eux, on n'a pu former qu'un projet imparfait.

Dans le rapport qui précède le budget, il eût peut-être été sage d'éviter de s'appesantir sur nos pertes, sur les embarras de notre situation, et sur-tout d'entretenir un découragement qui, anéantissant toute confiance, ôte au gouvernement les moyens si faciles de cicatriser des plaies qui, quoi qu'on en puisse dire, ne sont pas très-profondes. Treize cents millions de contributions de guerre peuvent-ils donc influer sur la prospérité de la France, de la France si riche de son sol et de son industrie, de cette France dont un homme d'état disait, en plein parlement d'Angleterre, il y a deux cents ans, *qu'elle n'avait jamais été pauvre trois années de suite* (1)?

Aussi ce ne sont pas nos finances qui doivent nous inspirer des inquiétudes, mais les dangers qui seraient la suite de nos dissentions civiles, et sur-tout la nécessité de donner de l'occupation à un peuple plein de ressort et ennemi de tout repos.

Lorsque Louis XIV prit les rênes du gouvernement et commença ce grand siècle que Sully et Richelieu avaient préparé, Colbert, que lui avait indiqué Mazarin mourant, fut nommé contrôleur-général. L'Etat était alors obéré par suite des désordres de nos finances. « Le peuple, malheureux, était dans l'impuis-« sance de satisfaire aux subsides qu'on lui « demandait; les hommes avides qui s'en-

______

(1) Le docteur Clarke qui, en 1801, a fait paraître un ouvrage estimé, intitulé : *Coup-d'œil sur la force et l'opulence de la Grande-Bretagne*, a fait des recherches pour constater le montant des contributions, confiscations et réquisitions imposées par les Français pendant la guerre de la révolution jusqu'en 1798 inclusivement; et à cette époque, il l'évaluait à 42 milliards 293 millions ; et cependant l'Europe s'est relevée de tant de pertes.

« graissaient de sa substance, étaient seuls
« écoutés ; ils étaient parvenus en quelque
« sorte à mettre l'Etat dans leur dépendance ;
« ils s'étaient rendus les organes de la loi
« dont ils achetaient et dictaient les arrêts ;
« enhardis par les malheurs publics, appuyés
« par des alliances avec les plus grands sei-
« gneurs du royaume, ils s'étaient introduits
« jusque dans le conseil des Rois, et cor-
« rompant tout ce qui en approchait, ils for-
« maient une espèce de ligue autour du trône,
« qui ne pouvait plus agir que par leur en-
« tremise (1). » A tous ces obstacles, il faut
ajouter que la nation sortait des guerres de
la minorité, et que son industrie et son commerce étaient encore dans l'enfance, circonstances qui augmentaient la difficulté de
la situation de Colbert.

Ce grand ministre, « esprit sage, dit le
« président Hénault, et n'ayant pas les
« écarts du génie (2), » sachant que tout
impôt qui gêne l'industrie, appauvrit l'Etat,
n'arrêta pas les progrès des manufactures
par des droits sur la main - d'œuvre et les

____

(1) *Tableau du ministère de Colbert*, p. 55.
(2) *Par negotiis, neque suprà erat.* (Tacite.)

matières premières. Loin de taxer les draps
au foulage, il avançait aux fabricans 2,000 fr.
par métier. Protecteur éclairé du commerce, de la navigation et de l'industrie, il s'at-
tachait à encourager, par des gratifications
et des secours, les manufacturiers qui en
avaient besoin pour se soutenir. Envisa-
geant les impôts en homme d'état, il marcha
avec persévérance vers un seul but, la prospérité du commerce et de l'industrie, bien
certain alors d'augmenter la consommation
de tous les objets soumis aux taxes, et de
remplir ainsi les coffres du Roi, en même
temps que ses sujets s'enrichissaient. Veut-
on connaître, à présent, les résultats de son
administration ?

Paris lui doit la plus grande partie de ses
embellissemens, ses avenues, ses remparts,
ses arcs de triomphe, les Invalides et la fa-
çade du Louvre. Versailles, Marly, Trianon,
Meudon et Saint-Germain ont été créés par
lui. Les Gobelins, la savonnerie et la manu-
facture des glaces lui doivent leur existence ;
et au moment où il favorisait les arts et les
manufactures, il établissait, à Paris et à
Rome, des académies de peinture et de
sculpture propres à diriger le goût. Nos

grands chemins , le canal des deux mers , la plus grande partie de nos places fortes, Dunkerque , Brest et Rochefort sur l'Océan, Toulon et Cette sur la Méditerrannée, sont des monumens de son génie. C'est dans la masse imposante de ces travaux commencés et achevés dans un espace de vingt-deux ans, depuis 1661 jusqu'en 1683, époque de la mort de Colbert , qu'on découvre les immenses ressources de la France. Il faut observer que toutes ces dépenses ne l'empêchèrent pas de pourvoir aux frais d'une immense marine , et à ceux des guerres qui eurent lieu sous son ministère; et cependant, la munificence de son maître, loin d'être concentrée dans son royaume, s'étendait aux pays étrangers, et allait y chercher les hommes distingués par leur mérite et leurs talens.

« C'est ainsi, dit encore le président Hé-
« nault, que Louis XIV sut tirer parti des
« circonstances. Il sortait, à l'exemple d'Au-
« guste, des guerres civiles; de ce temps où
« les peuples toujours armés , nourris sans
« cesse au milieu des périls, entêtés des plus
« hardis desseins, ne voient rien où ils ne
« puissent atteindre; de ce temps où les évè-
« nemens heureux et malheureux mille fois

« répétés, étendent les idées, fortifient l'ame
« à force d'épreuves, augmentent son ressort
« et lui donnent ce désir de gloire qui ne man-
« que jamais de produire de grandes choses. »

J'ai cru devoir m'appuyer de l'autorité de
Colbert, avant de hasarder quelques observations sur un plan de finances dont les dispositions s'écartent entièrement des principes
qui ont dirigé son administration.

Le ministre des finances porte à 800 millions
le montant des dépenses, dans lesquelles il
comprend les 275 millions à payer aux étrangers ; mais, comme il dit, page 19 du budget,
que *les crédits des ministres, de 564 millions
auxquels ils s'élevaient en 1814 et 1815, ont
été réduits, pour cette année, à 338 millions
500 mille francs*, et qu'il convient lui-même
*que quelques dépenses qui auraient dû se
faire en 1816 se trouveront ajournées en
1817, observation qui s'applique particu-
lièrement au ministère de la guerre*, il me
semble que les dépenses devraient être por-
tées au moins à 860 millions, au lieu de 800 :
si j'avais sous les yeux l'état des besoins et
des dépenses de chaque ministère, peut-
être proposerais-je une augmentation plus
forte ?

Ce serait m'écarter du but que je me suis proposé, que de discuter chacun des articles qui composent le crédit ou la recette; je me borne à rejeter ceux qu'on ne peut admettre sans de graves inconvéniens, et je porterai tous les autres pour l'évaluation que le ministre leur a donnée. Ainsi je compterai

L'impôt foncier pour. 320,000,000
L'enregistrement, les domaines et bois
   pour. 156,000,000
Les douanes pour. 40,000,000
Les sels pour. 35,000,000
Les tabacs pour . . . . 37,000,000 ⎱
Les droits indirects pour. . 70,000,000 ⎰ 107,000,000
Proposant de
  rejeter les
  impôts sur
  les huiles.. 8,000,000
Les fers . . . 3,000,000
Les cuirs. . . 8,000,000
Les papiers.. 3,000,000
Les tissus . . 8,600,000
Les transports 12,000,000
Les licences.. 5,000,000
     ens. fr. 47,600,000 (1),
 dont à déduire
  pour les frais 7,600,000
  Restent . . 40,000,000, somme qui,
 avec les . . 107,000,000 ci-contre,
 donnent les 147,000,000 portés dans le

                      658,000,000

---

(1) *Voyez* le rapport particulier de M. Barente.

(9)

Ci contre. . . . 658,000,000

budget du ministre pour droits gé-
néraux et tabacs.

Pour les loteries, postes, salines de l'est,
recettes diverses. 29,000,000

Pour les cautionnemens. . 50,000,000
Pour les retenues sur les
traitemens. . . . . 13,000,000 } 63,000,000

ens. fr. 750,000,000

ainsi le déficit serait de 110,000,000

Ensemble (1). . . . fr. 860,000,000

Pour subvenir aux 110 millions de déficit, je pense que les chambres devraient ouvrir au ministre des finances un crédit de 10 millions de rentes, dont il pourra opérer la négociation lorsqu'il le croira utile. Ici je dois m'attendre à beaucoup d'objections.

Un homme distingué par son mérite et une longue expérience, avait observé en Angleterre, que rarement une mesure populaire y était bonne, et une mesure antipopulaire mauvaise. Il citait, à ce sujet, que le peuple s'était opposé à l'emmagasinement des denrées, à la construction des grandes routes, à l'usage des voitures à grandes roues,

---

(1) Le noble usage que fait le Roi de sa liste civile ne me permettant pas de croire que la chambre acceptera les dix millions que Sa Majesté a offerts pour les besoins de l'Etat, je ne les porte pas en recette.

à la clôture et à l'amélioration des terres , à la simplification par des machines du travail de la main-d'œuvre , à l'admission des étrangers industrieux.

En France , où les opinions populaires se sont étendues beaucoup plus loin , des personnes d'ailleurs instruites y mettent encore en doute l'avantage de l'emploi du crédit, l'utilité des colonies, la nécessité d'une marine, et enfin jusqu'au besoin de manufactures nombreuses. Il me semble que c'est ne pas savoir encore s'il vaut mieux rendre une nation puissante , occupée et heureuse, que de la laisser faible, oisive et mécontente. L'auteur de l'ouvrage intitulé : *Avantages et désavantages du commerce de la France et de la Grande-Bretagne*, s'étonnait peu de ces erreurs en France, « parce que, disait-il, « les arts de pur agrément y ont toute préfé- « rence sur ceux qui ne sont qu'utiles ; que « l'esprit, c'est-à-dire la manière de dire les « choses, est l'objet dont on est le plus touché; « que, satisfait d'écrire avec plus de talens « et de méthode qu'aucune autre nation, on « a négligé la manière de penser et le choix « des matières, » et il n'a pas hésité à placer cette circonstance parmi les désavantages de la France sur l'Angleterre, par rapport au commerce.

En reconnaissant que nos erreurs en finance justifient jusqu'à un certain point cette observation, j'ajouterai qu'il n'est pas d'étude plus aride et qui puisse plus facilement nous conduire à une fausse théorie.

Le ministre des finances dit, page 13 du budget, *qu'en ajoutant de nouvelles rentes à celles qui existent, la consolidation forcée n'attaque pas seulement les intérêts de l'homme qui a livré à l'Etat, dans l'attente d'un légitime bénéfice, son temps, son industrie et ses capitaux : elle réduit encore, contre la foi des contrats, les anciennes créances ; elle enveloppe dans une perte commune le créancier de la dette exigible et celui de la dette inscrite ; elle viole envers tous deux le droit sacré de la propriété.* Et il ajoute plus bas, en parlant de la liquidation de l'arriéré en rentes, *que ce mode de liquidation est aussi contraire à la justice qu'à l'intérêt public : la loi du 23 septembre a posé les principes ; il faut y rester fidèle.*

Si le Roi, en remontant sur le trône de ses pères, eût trouvé les finances dans un

état de prospérité, sans aucun doute il eût
modifié la législation positive prééxistante,
en offrant quelques secours, quelques dé-
dommagemens aux nombreuses victimes. de
la révolution; mais le trésor était vide et
obéré de plus de 700 millions.

Le baron Louis, ministre alors, se trouva
donc dans l'impossibilité de s'écarter de la
ligne tracée par les lois antérieures, et le
gouvernement monarchique, réduit à céder
à l'impitoyable raison d'Etat, fut obligé de
jeter un voile sur les brigandages dont les
gouvernemens révolutionnaires s'étaient rendus coupables. Réduit à la dure nécessité
d'interdire toute réclamation aux propriétaires des charges remboursés en assignats,
aux négocians ruinés par les réquisitions et
le maximum, aux propriétaires des colonies,
aux rentiers réduits au tiers et même aux
émigrés dépouillés de leurs biens, le Roi
trouva du moins dans les ressources de la
France, les moyens de s'acquitter envers
les créanciers de l'arriéré, envers ceux enfin
dont la ruine n'avait point encore été pro-
noncée par les gouvernemens qui l'avaient
précédé; mais lorsque les porteurs de ces
créances jouissaient seuls d'une heureuse ex-

ception au milieu de tant d'infortunes, lorsque le Roi consentait à payer leurs créances intégralement, on devait au moins, pour leur liquidation, adopter un mode qui n'entravât en rien la marche de l'administration et n'opérât aucune réduction sur les fonds destinés au service courant.

Cette faute tient essentiellement à une erreur qu'on est surpris de retrouver dans le rapport qui précède le budget de 1816. Je m'explique.

Acquitter en rentes les engagemens contractés par le gouvernement royal, alors que le paiement en serait stipulé en argent, ce serait, sans aucun doute, l'entacher de cette immoralité et de ce caractère de mauvaise foi, si justement réprouvés par le ministre des finances; mais donner le nom de consolidation forcée à la liquidation en rentes, d'un arriéré antérieur à l'arrivée du Roi, d'un arriéré dont le paiement doit coïncider avec les ressources de la France, les besoins des peuples, la difficulté du moment, c'est évidemment confondre tous les principes.

Quoiqu'il en soit, le mode de liquidation en obligations, reconnu de difficile exécu-

tion en 1814, étant impraticable dans les circonstances actuelles, les créanciers de l'arriéré ne considéreront pas comme une in-
fraction aux dispositions de la loi du 23 septembre, *un paiement* immédiat en rentes
portant six au lieu de cinq pour cent d'intérêt, et dont le cours leur sera plus avanta-
geux que celui des obligations.

Je suis, au surplus, du sentiment de
M. le comte Corvetto, au sujet de l'aliénation des bois de l'État, malgré les nombreuses
réclamations qui s'éleveront à ce sujet. Le
produit de la vente de quatre cent mille
hectares de forêts sera versé au trésor royal;
il servira à remplacer les non-valeurs dans
les recettes, notamment sur l'impôt foncier,
à donner de l'aisance à l'administration, et à
augmenter les moyens de la caisse d'amortissement dans la proportion que j'indiquerai
plus bas. Ces ventes, dont le produit n'aura
plus une destination obligée, n'auront lieu
qu'en temps utile : elles donneront un mouvement à l'industrie, faciliteront et encoura-
geront les constructions civiles et navales
(un des objets qui mérite le plus de fixer l'at-
tention du gouvernement), elles multiplie-
ront enfin le nombre des propriétaires ,

c'est-à-dire des hommes intéressés à la tranquillité publique. Tous ces avantages surpasseront de beaucoup les inconvéniens attachés à cette aliénation. J'ai regret de ne pas traiter cette question importante avec toute la latitude et les développemens qu'elle mérite, mais ce serait trop m'écarter de mon sujet.

J'ai parlé du mode de liquidation de l'arriéré en rentes portant six pour cent d'intérêt; il me reste à prouver tous les dangers qui seraient attachés à l'acceptation des nouveaux impôts qu'on propose, et à démontrer que l'emploi du crédit est le seul moyen de remplir le déficit et de donner à l'administration le ressort qui lui manque.

Les impôts qu'on soumet à la chambre portent directement sur les fabriques qui auraient le plus besoin d'être protégées, sur celles qui, par le grand nombre d'ouvriers qu'elles occupent, seraient les plus dignes de l'appui du gouvernement. Les droits auxquels on les assujettit pèsent sur les objets manufacturés, et doivent être payés avant leur vente. Ainsi le fabricant, déjà chargé de marchandises dont il ne trouve pas le débouché, sera forcé à de nouvelles avances dont le remboursement ne lui sera pas assuré, vu qu'il est dans la dépendance du consommateur. L'étranger, qui occupe nos frontières, multipliera ses introductions frauduleuses, en les étendant aux articles pour lesquels, avant le nouveau droit, sa concurrence était sans danger, et nos fabricans découragés seront bientôt forcés de suspendre leurs travaux, et porteront peut-être ailleurs leur industrie. Pour combattre ces impôts, j'ai cité l'exemple de Colbert. Si une pareille autorité n'était pas suffisante, je dirais que lorsque Robert Walpole, un des plus habiles ministres d'Angleterre, et un de ceux qui fut le plus pénétré de l'importance de ses manufactures, voulut leur assurer cet état de supériorité et de prospérité auquel elles sont parvenues, il abrogea, par un seul acte, cent quatre-vingt-seize taxes, dont les unes tombaient sur des matières brutes, et les autres sur des manufactures.

Je dois faire observer, en passant, qu'un grand nombre de fabriques, notamment les forges et les papeteries, sont situées dans les provinces qui ont le plus souffert de la guerre, telles que l'Alsace, la Lorraine, la

Franche-Comté et la Bourgogne. Je sais que les divers propriétaires de manufactures ont présenté des mémoires particuliers, dans lesquels ils ont démontré tous les inconvéniens de ces taxes, dont le mode même de perception et l'assiette annoncent un défaut absolu de connaissance de l'administration intérieure des fabriques ; je sais qu'ils ont eu des conférences avec les membres du comité des finances, et qu'ils leur ont donné des renseignemens propres à les éclairer ; mais tous, pénétrés de la nécessité de subvenir aux charges de l'Etat, sans connaître les moyens de remplacer les impôts dont on veut grever leurs fabriques, se sont bornés à proposer des modifications, au lieu d'en solliciter le rejet (1).

Si ces impôts doivent avoir une funeste influence sur la prospérité de nos fabriques, ils en auraient une plus dangereuse encore sur la tranquillité intérieure. Je le dis à regret, mais il semble qu'on méconnaisse la

---

(1) Mes observations sur les impôts indirects doivent s'appliquer également au nouveau tarif des douanes, qui ne devait pas comprendre, je pense, les matières premières de nos manufactures parmi les articles susceptibles d'une augmentation de droits.

2

situation de la France et les moyens faciles d'assurer son repos. La rentrée dans le royaume de tous ceux qui étaient employés dans les pays conquis, celle de 150 mille prisonniers, les préposés réformés dans toutes les administrations, la réduction de l'armée et la stagnation des affaires ont couvert la France d'hommes oisifs, sans ressources, et par cela même dangereux. Irons-nous en multiplier le nombre en réduisant à la misère une foule de petits fabricans, la plupart pères de famille, et en forçant les grands manufacturiers à renvoyer une partie de leurs ouvriers ? Les communications journalières de nombreux commis chargés de la perception des impôts, avec les ouvriers des ateliers et des fabriques, ne peuvent-elles pas d'ailleurs entraîner quelques dangers ? Qui nous garantira les opinions et les principes d'hommes pris souvent dans la classe la moins élevée ? Qui nous garantira qu'ils ne deviendront pas, entre les mains de quelques factieux, un moyen de favoriser leurs projets en amenant le peuple, par la rigueur même avec laquelle ils rempliront leurs fonctions, à cet état de lassitude et de mécontentement qui le dispose sinon à ser-

vir, au moins à ne pas s'opposer à de nouvelles révolutions ? De pareilles craintes
eussent autrefois paru puériles ; depuis le
20 mars elles sont légitimées.

Ce n'est pas lorsqu'il est nécessaire de
donner l'impulsion au commerce, à la navigation et à l'industrie, que la chambre adop-
tera des impôts nouveaux dont le poids s'ap-
pesantirait sur les fabriques elles-mêmes.

Peut-être des changemens, quelques modifications dans l'assiette et la perception des
impôts actuellement existans suffiraient-ils
pour remplir le déficit, objet de tant
d'alarmes. Dans chaque administration il
existe des hommes éclairés, capables d'ap-
profondir la partie des impôts dont la perception leur est confiée. Consultez-les, et ils
vous diront que tel droit de timbre et d'enregistrement, réduit à moitié, donnerait un
revenu double. Aux douanes, en n'admet-
tant les denrées coloniales que par mer (1),
on augmenterait, sans aucun doute, la

____

(1) On a vu dans les journaux que l'Autriche, malgré les difficultés que présente sa situation territoriale,
était disposée à n'admettre les denrées coloniales que
par mer.

recette des droits dont elles sont chargées ; on opposerait des obstacles presque insurmontables à la contrebande qui se fait sur la ligne étendue de nos frontières de terre, et on favoriserait la navigation. Peut-être pourrait-on taxer le sel depuis deux sous jusqu'à quatorze sous la livre (demi-kilogramme) ? Divisant alors les consommateurs par classes d'après leurs impositions, à raison de dix livres de sel par tête, comme autrefois, on trouverait un prix moyen de trente ou trente-cinq centimes, et 30 à 35 millions de plus dans la caisse du trésor. Cette mesure changerait cet impôt indirect en un impôt direct, mais le commerce de cette denrée deviendrait libre ; le pauvre, qui ne paierait le sel que deux sous, ne serait pas forcé d'en acheter aux greniers publics ; l'agriculture et les pêches n'en éprouveraient aucune entrave, et la fraude de cette marchandise deviendrait sans objet. Tous ces moyens et tant d'autres propres à accroître les richesses de l'État sans nuire à sa prospérité, seraient le résultat infaillible de la substitution de régies intéressées à de simples administrations.

Mais je n'indique ici ces ressources que comme accessoires, étant convaincu que, dans tous les cas possibles, la France ne peut se relever et reprendre son rang parmi les nations, qu'autant qu'elle ajoute les moyens de crédit à ceux que lui procurent les produits annuels de ses impôts.

Pour remplir le déficit de 110 millions, j'ai parlé de mettre à la disposition du ministre des finances 10 millions de rentes, dont il opérerait le placement lorsqu'il le jugerait utile. J'ai besoin de prouver, à présent, que cette mesure est conforme aux devoirs du gouvernement, comme elle est d'accord avec ses intérêts.

La première objection faite par le ministre des finances contre une nouvelle création de rentes, *c'est qu'elle est une violation du droit sacré de la propriété envers les anciens titulaires.*

« Lorsque, dans le principe, le gouver-
« nement français a fait des emprunts en
« rentes perpétuelles, il s'est engagé envers
« ceux qui lui remettaient leurs fonds, à
« leur en payer l'intérêt à cinq pour cent ;
« mais jamais il ne s'est obligé à maintenir
« toujours à la bourse le cours de ces rentes
« au pair, jamais il ne s'est interdit la fa-
« culté d'en créer d'autres ; car, s'il l'eût fait,

« il eût circonscrit lui-même l'emploi de
« son crédit, et par conséquent limité sa
« puissance. On ne peut donc pas dire
« qu'une création nouvelle serait une infrac-
« tion aux contrats souscrits envers les por-
« teurs des rentes anciennes; elle en est, au
« contraire, l'exécution, si cette création est
« nécessaire pour mettre le gouvernement
« en état d'acquitter, avec exactitude, les
« arrérages (1). »

J'ai voulu prouver que la création des
rentes était une opération morale, avant d'en
faire voir la nécessité et l'avantage.

Une nation a deux moyens pour subvenir à ses dépenses, le premier celui des impôts, le second celui des emprunts. Par l'un
elle prélève sur les revenus de ses membres
les capitaux qui lui sont nécessaires; par
l'autre elle n'en prélève que les intérêts.
Dans un temps de grande prospérité et lorsque les contribuables ont des fonds inutiles
et sans emploi, des impôts sagement conçus
et combinés peuvent être préférables aux
emprunts; mais au sortir d'une révolution et

---

(1) *Voyez mes Observations sur le système financier et administratif adopté en* 1814.

de · guerres désastreuses, lorsque tout un peuple a plus ou moins souffert dans sa fortune , lorsqu'un grand nombre d'hommes ne savent comment ils pourront pourvoir à leur subsistance, les emprunts offrent, sans aucun doute , le moyen le plus favorable aux administrés , et le meilleur pour subvenir aux dépenses.

Au surplus , je tiens à prouver l'avantage du système des emprunts dans la circonstance présente, non par des raisonnemens , mais par des faits.

Une des principales objections qu'on fait en général, porte sur le haut prix auquel ressortirait l'argent que le gouvernement obtiendrait par une vente de rentes.

En supposant le taux à 62 fr. 50 c. , c'est-à-dire, qu'on ne puisse obtenir que 125 millions pour 10 millions de rentes, il est clair que l'argent coûterait à l'Etat huit pour cent; mais ce prix est bien moins sensible aux contribuables, que la perte qu'ils éprouvent par la privation des capitaux que leur enlèvent les impôts. Faut-il, pour justifier ce taux de 8 pour cent, des exemples anciens ?

Sous le règne de la reine Elisabeth, règne remarquable par l'accroissement du commerce de l'Angleterre et de sa prospérité, l'intérêt était à dix pour cent, et resta à ce taux jusqu'à la vingt-unième année du règne de Jacques Ier ; il fut alors fixé à huit pour cent (1).

En France, Henri III (en 1576) fixa l'intérêt légal au denier 12 (8 $\frac{1}{3}$ pour cent), et il y est resté jusqu'en 1601, époque où le sage Sully l'établit au denier 16 (2). Si ces exemples ne suffisent pas pour rassurer les partisans des impôts sur le taux de l'intérêt à 8 pour cent, je les engage à jeter un coup d'œil sur le rapport du directeur-général des droits-réunis ; ils y verront que 147 millions, produit des impôts indirects, coûtent plus de 29 millions de frais de perception, c'est-à-dire près de 20 pour cent ; et dans le rapport présenté par M. le duc de Gaëte en mai 1815, page 168 et 169, que les fr. 20,234,088, revenu net des douanes, en ont coûté fr. 24,726,509.

Sans doute les circonstances ont été difficiles ; aussi je me borne à remarquer que le

---

(1) *Discours pour et contre la réduction de l'intérêt de l'argent, p.* 93.

(2) *Essai sur l'intérêt de l'argent,* par David Hume, page 116.

peuple, supportant le poids des impôts bruts pendant que le trésor ne tient compte au gouvernement que des impôts nets, l'argent qu'on se procure par des impôts coûte tout autrement cher que celui qu'on obtient par des emprunts à 8 pour cent.

Du reste, ce n'est pas être juste que de partir du cours nominal de 100 fr., pour en conclure que le gouvernement sera forcé de donner 100 millions pour 60 millions qu'il aura reçus; n'oublions pas que le remboursement n'est jamais obligé de sa part.

Je remarque, à cette occasion, qu'en Angleterre tous les emprunts, depuis quinze ans, se font contre rentes (trois pour cent consolidés) de 100 fr., valeur nominale, pour lesquelles le gouvernement ne reçoit que 56 ou 60 fr.

Mais si je désire qu'on fasse usage du crédit, je désire aussi, qu'en créant des rentes, on emploie les moyens de les amortir et de les immobiliser, deux opérations bien distinctes, et qui ont l'une et l'autre l'effet de les retirer de la circulation.

Les rentes qui appartenaient à la caisse d'amortissement ayant été dissipées pendant les trois mois de l'usurpation, le ministre

des finances propose de déléguer
à cette caisse. 14,000,000
sur les produits de la poste.

Cette somme n'étant pas suffisante, du moment qu'on fera
usage du crédit, je pense qu'il
conviendrait de porter à 5o millions le fonds annuel d'amortissement : en conséquence, sur les
produits des forêts, le ministre
des finances verserait. 36,000,000

Ce qui ferait ensemble. . fr. 5o,000,000

et successivement, jusqu'à concurrence de
180 millions, faisant, à raison de 36 millions
par an, le montant des cinq années chargées
de contributions extraordinaires. Passé cette
époque, on fixerait la quotité du fonds d'a-
mortissement. S'il continuait à être de 5o
millions annuellement, il suffirait de vingt-
deux ans pour éteindre (même en supposant
la rente au pair.) 100 millions de rentes,
quantité équivalente à celles qui sont actuellement inscrites au grand livre, augmentée
des rentes nécessaires pour opérer la liquidation de l'arriéré.

Malgré l'évidence positive et mathéma-

tique des résultats de la cumulation des intérêts et des capitaux, on a de la peine à se
les persuader avant de les avoir calculés et
vérifiés soi-même. L'Europe en avait depuis
long-temps la preuve de fait sous les yeux,
dans ces immenses fortunes de Hollande ,
produit souvent du commerce le plus borné
joint à la plus sévère économie et à la cumulation des intérêts ; mais il était réservé au
célèbre Pitt d'en faire à l'Angleterre l'heureuse application, et de lui donner par ce
moyen une force colossale à laquelle elle
n'était point appelée.

Qu'on me permette de présenter le résultat d'une cumulation d'intérêts.

Si nos Rois prélevaient annuellement sur
leur liste civile quinze cents mille francs , et
les plaçaient en rentes, dont les intérêts,
joints aux capitaux, seraient replacés tous les
six mois et sans cesse accumulés , quatre-
vingt quinze ans suffiraient pour les rendre
propriétaires de l'énorme somme de 150 millions de rentes (même en les supposant ache-
tées au pair). Le cœur de nos princes peut,
mieux que je ne le ferais moi-même, pres-
sentir tout le bien qu'ils pourraient faire avec
de pareils revenus mis à leur disposition , sans

qu'il en eût coûté un seul denier et une seule larme à leur peuple pour l'obtenir. Il y a plus ; ayant calculé l'opération au pair, on pourrait rendre l'Angleterre, tout aussi bien que le trésor public de France, débitrice de ce revenu, si l'on plaçait des capitaux dans ses fonds publics.

Avec 500 mille francs placés de cette manière pour l'amélioration du sort des invalides de la guerre et de la marine, on leur assurerait, à l'expiration de ces quatre-vingt-quinze ans, fr. 50,000,000 de revenu.

Une pareille somme destinée aux hopitaux, refuge des pauvres âgés, infirmes et malades, donnerait à l'administration les moyens de s'écarter de la sévère économie que nécessitent les faibles revenus mis à sa disposition.

Enfin la même somme, appliquée au clergé, lui donnerait, avec l'aisance dont il est privé, la faculté d'être de nouveau le soutien des malheureux, et de rendre au culte son antique splendeur (1).

____

(1) *Voyez* l'ingénieux *Testament du fortuné Richard,* par M. Mathon de la Cour, les Calculs de Stewin pour l'accroissement du perpétuel, et ceux de Parcieux pour le viager.

De si beaux et de si infaillibles résultats ne peuvent être obtenus que sous le gouvernement stable de nos Rois ; ils nous donnent l'explication du problême de ces immenses secours accordés en Angleterre à la classe indigente. J'ai cité le terme de quatre-vingt-quinze ans pour exemple ; mais j'aurais pu établir mes calculs sur des époques plus rapprochées, et ne pas présenter un avenir si éloigné aux hommes qui veulent au moins conserver l'espérance de jouir.

Long-temps avant que Pitt eût donné à la caisse d'amortissement d'Angleterre sa belle organisation, un homme calculateur et bienfaisant du comté de Norwich (le juge Normand), avait légué, en 1724, une somme de 96 mille francs pour la capitaliser et fonder, soixante ans après sa mort, une école gratuite qui devait coûter dix - huit cent mille francs. Le testament a été exécuté. Cet exemple n'est pas le seul que l'Angleterre fournisse.

Les adversaires de l'emploi du crédit prétendent que de nouvelles créations de rentes, si sur-tout la liquidation de l'arriéré se fait dans ces valeurs, en feront tomber le prix au cours le plus bas.

Mais d'une part l'emploi du crédit, joint au produit des impôts existans, peut procurer les moyens de parvenir à une grande prospérité et d'assurer la tranquillité intérieure, circonstances qui ont sur les effets publics une plus grande influence que les combinaisons du jeu ; et de l'autre, un ministre des finances habile , qui seul fait vendre ou acheter de fortes parties de rentes , aura toujours la faculté d'en maîtriser le cours, puisqu'il peut, à sa volonté, en augmenter ou diminuer la quantité en circulation. La hausse, qui souvent a lieu à la bourse à la suite d'une opération inconsidérée , d'un million de rentes au plus, démontre, mieux qu'aucun raisonnement, avec quelle facilité le gouvernement peut soutenir les effets publics.

Après avoir discuté, comme moyen de finance, la question du crédit, qu'on me permette de l'envisager dans ses rapports administratifs et politiques.

On s'inquiète de la situation des esprits, on se tourmente de l'inaction du commerce, du resserrement des capitaux, de la difficulté des affaires ; on s'effraie de la fermentation qui règne dans quelques provinces ;

ces inquiétudes, ces frayeurs disparaîtront, et la France, destinée à être éternelle sous ses Rois légitimes, sera à l'abri des révolutions, le jour où la doctrine du crédit sera reconnue et adoptée, parce que de ce jour là seulement, le Roi aura les moyens et le pouvoir de faire le bien. Dès-lors, il n'existe plus d'obstacles ni pour le gouvernement ni pour l'administration, et la tâche des ministres devient facile. L'agriculteur, dépouillé par la guerre de ses bestiaux et de ses instrumens aratoires, peut espérer quelques dégrevemens. Le soldat, rendu à l'état civil, trouve dans les ateliers particuliers et les travaux publics des moyens faciles d'existence; l'officier retiré du service, l'employé réformé ont encore des chances de fortune dans le commerce et les colonies; l'activité de la navigation marchande offre à nos marins de l'occupation et les moyens de se perfectionner dans leur état; on n'est plus exposé à entendre ces cris séditieux que la malveillance obtient, presque toujours à prix d'argent, de la misère et du désespoir; avec l'aisance générale, les sentimens d'aigreur et d'animosité disparaissent, et la France heureuse, ne présentant plus le danger de troubles intérieurs,

voit les armées de l'Europe s'éloigner de ses
frontières.

Assurons-nous le présent qui est à nous,
et nous défierons l'avenir.

FIN.